TIME
FOR KIDS

Un día de trabajo

Médico de emergencias

T0136529

Diana Herweck

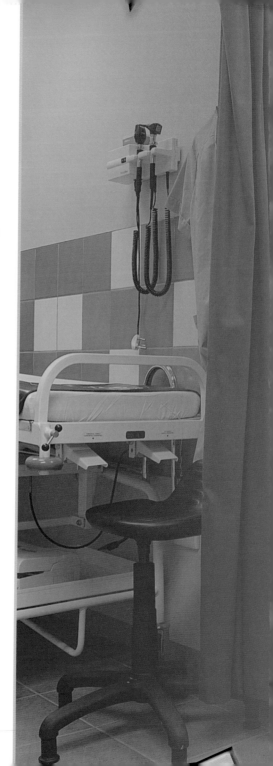

Consultores

Timothy Rasinski, Ph.D.
Kent State University

Lori Oczkus
Consultora de alfabetización

Byron Garibaldi, M.D.
Médico de emergencias

Erin Hunter, M.D.
Médica de emergencias

Basado en textos extraídos de
TIME For Kids. *TIME For Kids* y el logotipo
de *TIME For Kids* son marcas registradas
de TIME Inc. Utilizados bajo licencia.

Créditos de publicación

Dona Herweck Rice, *Jefa de redacción*
Conni Medina, *Directora editorial*
Lee Aucoin, *Directora creativa*
Jamey Acosta, *Editora principal*
Courtney Patterson, *Diseñadora*
Stephanie Reid, *Editora de fotografía*
Rane Anderson, *Autora colaboradora*
Rachelle Cracchiolo, *M.S.Ed.,*
    Editora comercial

Créditos de imágenes: pág. 52 Bridgeman
Art Library, págs. 46–47 Getty Images, pág. 46
iStockphoto, págs. 12–13 AFP/Getty Images/
Newscom, págs. 40–41 Newscom, pág. 36
FEATURECHINA/Newscom, págs. 34–35
imagebroker/Jochen Tack/Newscom, págs.
44–45 MCT/Newscom, págs. 50–51 Xinhua/
Photoshot, pág. 6 REUTERS/Newscom, págs.
6–7 UPI/Newscom, págs. 20, 20–21 The New
York Times/Newscom, pág. 48 ZUMAPRESS.
com/Newscom, págs. 10, 22, 31, 43, 50–51
(ilustraciones) Timothy J. Bradley; todas las
demás imágenes de Shutterstock.

Teacher Created Materials

5301 Oceanus Drive
Huntington Beach, CA 92649-1030
http://www.tcmpub.com

ISBN 978-1-4333-7139-4

© 2013 Teacher Created Materials, Inc.
Printed in China
YiCai.032019.CA201901471

TABLA DE CONTENIDO

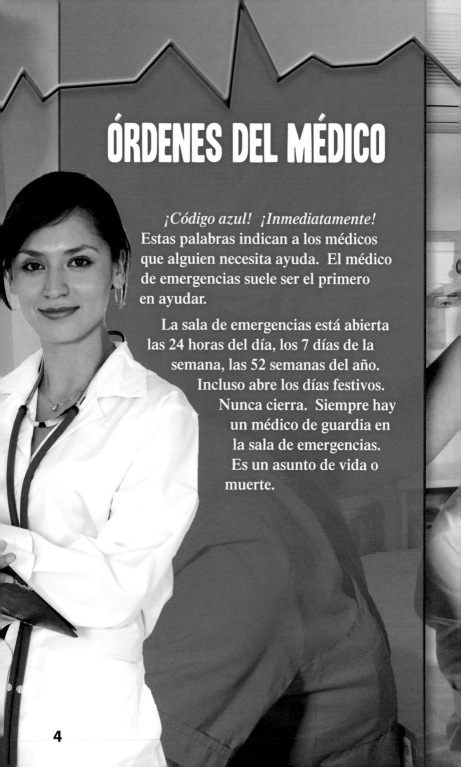

ÓRDENES DEL MÉDICO

¡Código azul! ¡Inmediatamente!
Estas palabras indican a los médicos
que alguien necesita ayuda. El médico
de emergencias suele ser el primero
en ayudar.

La sala de emergencias está abierta
las 24 horas del día, los 7 días de la
semana, las 52 semanas del año.
Incluso abre los días festivos.
Nunca cierra. Siempre hay
un médico de guardia en
la sala de emergencias.
Es un asunto de vida o
muerte.

PARA PENSAR

℞

- ¿Qué aptitudes se necesitan para ser un buen médico de emergencias?

- ¿Por qué hay que saber un poco de muchas áreas de la medicina?

- ¿Qué lleva a las personas a convertirse en médicos de emergencias?

DATE:

LO PRIMERO ES LO PRIMERO

Llegar a la sala de emergencias puede ser agotador. Cuando alguien está enfermo, lo último que desea es esperar para recibir **tratamiento**. Sin embargo, la sala de emergencias suele estar llena de pacientes. Algunos se habrán despertado de madrugada con un gran resfriado. Otros quizá hayan sufrido un accidente de coche o un infarto, o su salud haya empeorado. En la consulta de un médico convencional, hay que pedir cita para ser atendido. Sin embargo, en la sala de emergencias, el médico debe atender a los pacientes con los **síntomas** más graves sin cita previa.

Los enfermeros de **clasificación** hablan con cada paciente. Determinan qué tipo de atención necesita cada uno. Deciden quién necesita ayuda más urgentemente. Si hay 10 pacientes y un solo médico, esto sirve para saber a quién atender antes.

Tipos de pacientes

Los médicos de emergencias trabajan con todo tipo de pacientes, desde bebés hasta ancianos. Se encargan de pacientes con catarro y personas que se están muriendo. Estos médicos atienden a personas que han sufrido un accidente de coche o que tienen huesos fracturados a causa de una caída o una pelea. Incluso traen bebés al mundo.

Centros de trauma

Algunos hospitales cuentan con centros de **trauma** donde se tratan las lesiones más graves. Algunos centros de trauma están equipados para realizar operaciones quirúrgicas importantes y otros no.

Nivel I	Los **especialistas** están disponibles las 24 horas del día. En el hospital se realizan operaciones quirúrgicas, **anestesia** y programas de investigación. Ser atendido en un centro de nivel I aumenta las posibilidades de supervivencia al 25 por ciento.
Nivel II	Estos hospitales cuentan con anestesia, especialistas y cirugía, pero no tienen programas de investigación.
Nivel III	Este tipo de centro de trauma solo ofrece cirugía y anestesia a ciertas horas. Solo cuenta con algunos especialistas.
Nivel IV	Estos centros se ubican en las zonas rurales. Suelen ser lugares a los que acuden los pacientes antes de trasladarse a otros centros de trauma más avanzados.

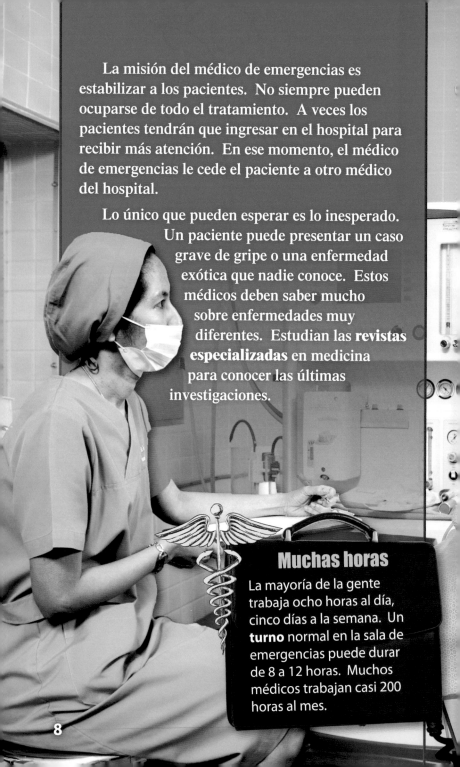

La misión del médico de emergencias es estabilizar a los pacientes. No siempre pueden ocuparse de todo el tratamiento. A veces los pacientes tendrán que ingresar en el hospital para recibir más atención. En ese momento, el médico de emergencias le cede el paciente a otro médico del hospital.

Lo único que pueden esperar es lo inesperado. Un paciente puede presentar un caso grave de gripe o una enfermedad exótica que nadie conoce. Estos médicos deben saber mucho sobre enfermedades muy diferentes. Estudian las **revistas especializadas** en medicina para conocer las últimas investigaciones.

Muchas horas

La mayoría de la gente trabaja ocho horas al día, cinco días a la semana. Un **turno** normal en la sala de emergencias puede durar de 8 a 12 horas. Muchos médicos trabajan casi 200 horas al mes.

12 horas de trabajo

Los médicos nunca saben qué esperar de la jornada, así que se preparan para lo inesperado. Van al baño y comen justo antes de empezar a trabajar. ¡Quizá no puedan hacerlo en las 12 horas siguientes! La jornada laboral de un médico de emergencias puede parecerse a esto.

6:00 a. m.	Echa un vistazo a la sala de espera. El médico del turno de noche transfiere los pacientes al siguiente médico de guardia.
8:00 a. m.	Empiezan las **rondas.** El médico de emergencias debe visitar primero a los pacientes en peor estado.
9:00 a. m.	Llega un paciente de nivel 1 de trauma. Se le atiende primero por la gravedad de la lesión.
10:00 a. m.	Continúan las rondas. Evalúa los síntomas de cada paciente.
11:00 a. m.	Realiza anotaciones para su uso posterior.
12:00 p. m.	Come algo.
1:00 p. m.	Evalúa las necesidades de los pacientes según mejoran o empeoran. Recibe los resultados del laboratorio, da de alta a los pacientes y se ocupa de las historias clínicas.
5:00 p. m.	Da información importante al médico de emergencias que se ocupa del turno de noche.
6:00 p. m.	Vuelve a casa, descansa, pasa algo de tiempo con los amigos y la familia.

Dentro de la ambulancia

Cuando alguien está demasiado enfermo o herido para conducir, una ambulancia lo lleva a la sala de emergencias. Las ambulancias pueden ir más rápido y saltarse los semáforos en rojo. Si un paciente necesita cirugía, el personal de la ambulancia llamará a la sala de emergencias para avisar. Los médicos esperan a la ambulancia en el exterior. En un trauma, cada segundo cuenta.

Los pacientes van acostados en una camilla durante el viaje.

El aire acondicionado regula la temperatura y mantiene limpio el aire.

Una rampa permite a los conductores subir el equipo y a los pacientes sin tener que cargar con ellos.

Un transmisor-receptor envía misiones a la ambulancia y permite a su personal hablar directamente con el hospital.

La computadora de la ambulancia envía información al personal. Registra información importante, como cuándo se recogió al paciente y cuándo se dejó en el hospital.

¡DEBES PENSAR RÁPIDAMENTE!

En todo el país, los médicos de emergencias atienden a más de 100 millones de pacientes cada año. Muchos acuden porque les duele algo. Algunos casos son graves y otros no. Independientemente de los síntomas, los médicos recomiendan que las personas acudan, en vez de esperar. Puede ser difícil determinar la gravedad de su estado.

Lo básico del cuerpo humano

El cuerpo humano se compone de células vivas que se organizan en tejidos, órganos y sistemas. Con tantas partes, hay muchos lugares en los que algo puede no funcionar bien.

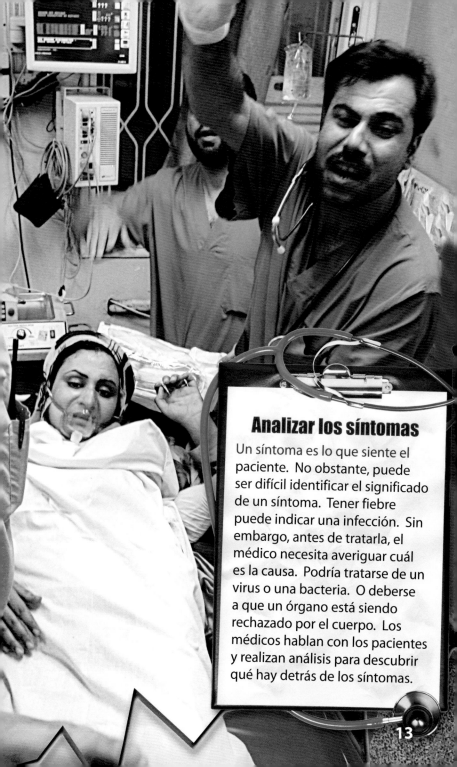

Analizar los síntomas

Un síntoma es lo que siente el paciente. No obstante, puede ser difícil identificar el significado de un síntoma. Tener fiebre puede indicar una infección. Sin embargo, antes de tratarla, el médico necesita averiguar cuál es la causa. Podría tratarse de un virus o una bacteria. O deberse a que un órgano está siendo rechazado por el cuerpo. Los médicos hablan con los pacientes y realizan análisis para descubrir qué hay detrás de los síntomas.

REALIZAR PRUEBAS

Cada síntoma es la pieza de un rompecabezas. No obstante, no basta con los síntomas para saber por qué alguien está enfermo. Estos ayudan a los médicos a tratar a los pacientes. Sin embargo, si no se tiene más información, los síntomas podrían llevar a los médicos a error. Por eso son tan importantes las pruebas.

Las pruebas radiológicas usan imágenes para buscar problemas en el cuerpo. Los rayos X, la IRM y la TAC son ejemplos de este tipo de pruebas.

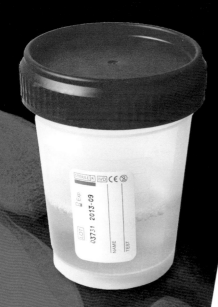

El análisis de orina usa la orina del paciente. Los médicos la analizan en busca de sangre, bacterias o proteínas. Buscan metales y otras moléculas.

Para un análisis de sangre, se necesitan muestras tomadas de la vena del paciente con una aguja. Los médicos saben cuáles son los niveles en sangre del paciente sano. Si hay algún problema, se reflejará en el análisis de sangre.

¿Y luego qué?

Cuando llegan los resultados, el médico decide cómo actuar. Si los resultados son buenos, el paciente puede no necesitar más tratamiento. O quizá deba ver al especialista. Otras veces, los análisis muestran que el paciente necesita una operación urgentemente.

UNA ENFERMEDAD GRAVE

Son las 2 a. m. y un bebé de tres meses llega a la sala de emergencias con 101 °F de fiebre. El bebé ha dejado de dormir y de comer. La fiebre puede ser muy peligrosa en los primeros años de vida. La fiebre alta puede desencadenar una **convulsión** y otros problemas de salud. Los médicos de emergencias atienden a los bebés con mucha fiebre inmediatamente. También tratan los demás síntomas, parecidos a los del resfriado, que pueden acompañar a la fiebre alta.

Problemas frecuentes

Estas son las principales razones por las que los niños y los adultos van a la sala de emergencias. En caso de duda, los médicos coinciden en que lo mejor es consultar a un experto, incluso de madrugada.

Niños
- fiebre alta
- dolor de oído
- huesos fracturados

Adultos
- infartos
- dolor de estómago
- dolor de espalda
- heridas por una caída

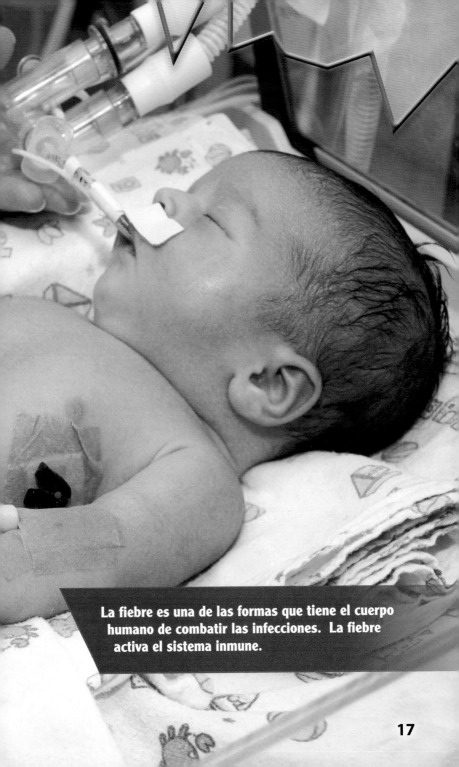

La fiebre es una de las formas que tiene el cuerpo humano de combatir las infecciones. La fiebre activa el sistema inmune.

HERIDAS ESPANTOSAS

Lo siguiente puede ser un niño que se ha lastimado montando en bicicleta. Quizá lo ha golpeado un coche. Al salir despedido de la bicicleta, podría haber chocado contra un árbol cercano. Hasta podría encontrarse **inconsciente**, con una gran rama del árbol en el vientre. En la sala de emergencias, los enfermeros tratan de frenar la hemorragia. Evalúan la herida y llaman a los médicos. El mejor **panorama**: necesita que le den puntos. El peor panorama: la rama ha afectado un órgano. En ese caso, el médico puede tener que operar. La familia del niño deseará que las heridas no sean **mortales**.

Puntos

Los médicos de emergencias cosen las heridas cuando alguien se lastima. El hilo que usan es distinto al que se utiliza en casa para coser un botón a una prenda de ropa. Usan un hilo que se parece al sedal. Estos puntos o **suturas** ayudan a sanar la herida.

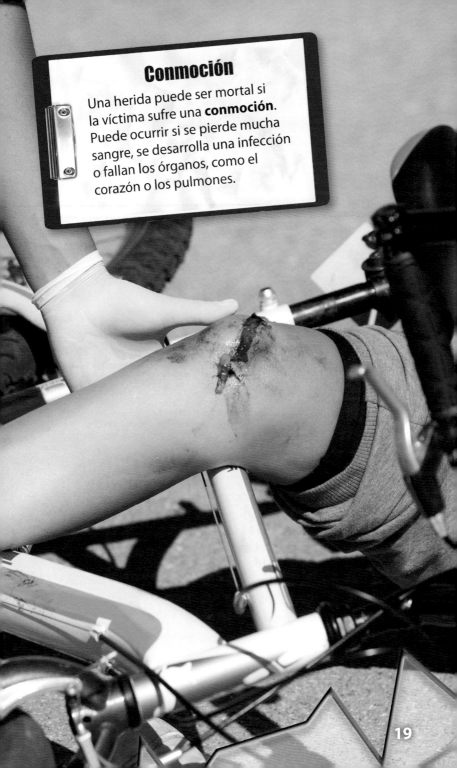

Conmoción

Una herida puede ser mortal si la víctima sufre una **conmoción**. Puede ocurrir si se pierde mucha sangre, se desarrolla una infección o fallan los órganos, como el corazón o los pulmones.

PROBLEMAS DOLOROSOS

Los médicos de la sala de emergencias suelen tratar a personas que experimentan dolor. A veces, la causa es evidente. ¡Es difícil no percibir un cuchillo clavado en la mano de alguien! Otras veces, ni el paciente sabe de dónde viene el dolor.

Los médicos administran a estos pacientes medicamentos para el dolor. No obstante, puede que la causa del problema no esté clara. La tarea principal del médico de emergencias es mantener a los pacientes con vida. Una vez que están estables, se puede mandar a casa al paciente o transferirlo al siguiente médico. Es normal que los médicos de emergencias envíen a la mayoría de sus pacientes a los especialistas.

Encontrar una cama

Si no se trata de una cuestión a vida o muerte, los pacientes pueden esperar varias horas para ser atendidos. Los enfermeros buscan lugares seguros y cómodos para la espera. Cuando hay mucha gente en el hospital, puede ser difícil encontrar una cama para el paciente. Si se encuentra una, puede ser incluso más difícil encontrar un lugar donde colocarla. Si las habitaciones de los hospitales están llenas, las camas pueden colocarse en los pasillos.

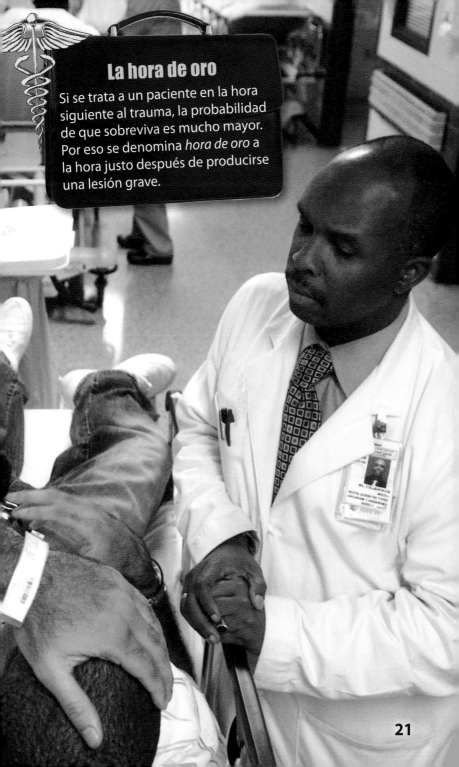

La hora de oro

Si se trata a un paciente en la hora siguiente al trauma, la probabilidad de que sobreviva es mucho mayor. Por eso se denomina *hora de oro* a la hora justo después de producirse una lesión grave.

¡MÁS EN PROFUNDIDAD!

Herramientas del oficio

Las salas de emergencias están llenas de herramientas e instrumental extraños que emiten pitidos o tienen luces que parpadean. Observen la escena para aprender cómo se usan estas herramientas.

Todos llevan guantes y mascarillas para evitar infecciones y el contagio de enfermedades.

El carro de paro contiene el equipo que necesitan los médicos y los enfermeros para tratar a un paciente cuyo corazón se ha parado.

La bandeja quirúrgica contiene el equipo, como agujas, toallitas, tijeras y recipientes pequeños.

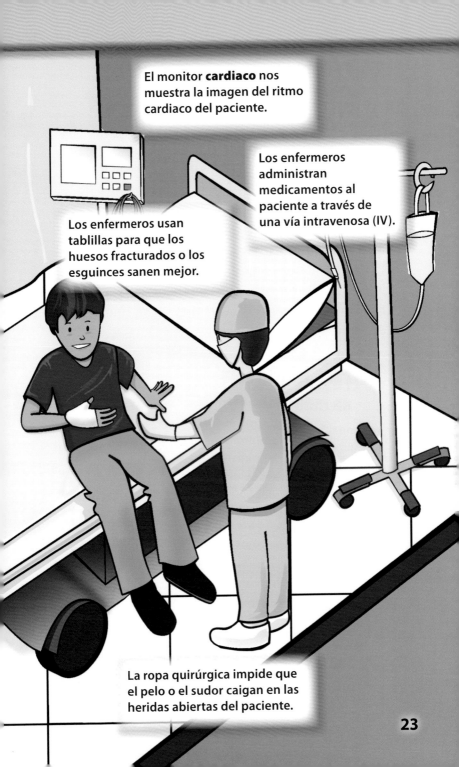

El monitor **cardiaco** nos muestra la imagen del ritmo cardiaco del paciente.

Los enfermeros administran medicamentos al paciente a través de una vía intravenosa (IV).

Los enfermeros usan tablillas para que los huesos fracturados o los esguinces sanen mejor.

La ropa quirúrgica impide que el pelo o el sudor caigan en las heridas abiertas del paciente.

23

SIN RESPIRACIÓN

Ocurre más a menudo de lo que nos gustaría. Alguien se despierta de madrugada y no puede respirar bien. O el paciente lleva varios días enfermo y los síntomas empeoran de repente. La respiración va acompañada de **sibilancias**. Es el momento de acudir a la sala de emergencias.

Según la causa del problema respiratorio, el médico puede tratar los síntomas de varias maneras. Los problemas respiratorios pueden indicar una infección. Podría haber fluidos en los pulmones o alrededor del corazón. O podría ser un síntoma de **asma**.

El asma en la sala de emergencias

Una forma de tratar el asma es con un nebulizador. Un nebulizador es una máquina que suministra medicamentos a través de una mascarilla. Esta se coloca sobre la nariz y la boca del paciente. Los medicamentos llegan a los pulmones del paciente cada vez que este inspira.

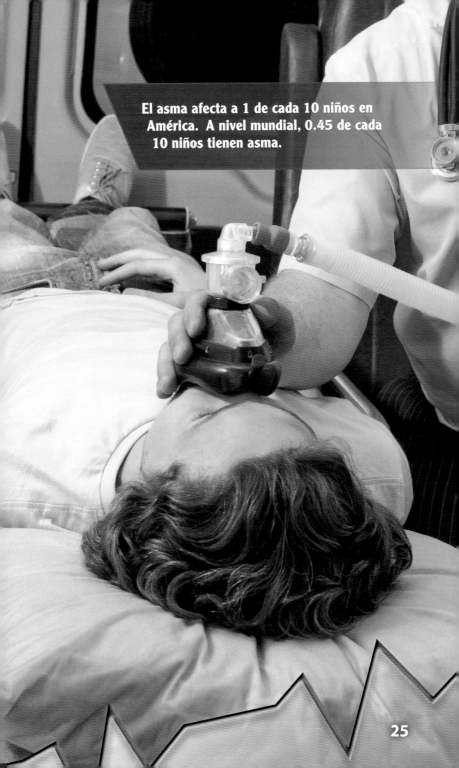

El asma afecta a 1 de cada 10 niños en América. A nivel mundial, 0.45 de cada 10 niños tienen asma.

LA HERIDA INVISIBLE

Una mujer puede llegar tras **desmayarse** y darse un golpe en la cabeza. Puede sentirse débil o confusa. Los enfermeros de selección la colocarán al principio de la lista.

Las heridas en la cabeza se denominan *heridas invisibles*. El diagnóstico y el tratamiento son complicados. Puede haber fracturas en el cráneo, contusiones en el cerebro y **traumatismo**. Estas heridas invisibles pueden incluso causar la muerte. Los médicos de emergencias evalúan la capacidad de hablar, la memoria, el movimiento y el raciocinio del paciente. Las lesiones pequeñas en la cabeza pueden exigir simplemente reposo. Las más graves, entre las que se encuentran los daños cerebrales, pueden tardar en curarse meses o incluso años.

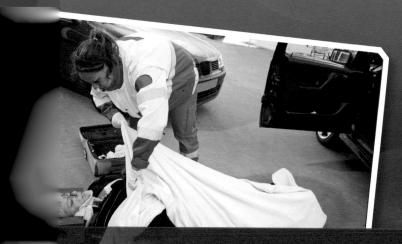

En las zonas del mundo con muy buena atención sanitaria, 25 de cada 100 000 heridas en la cabeza causan la muerte.

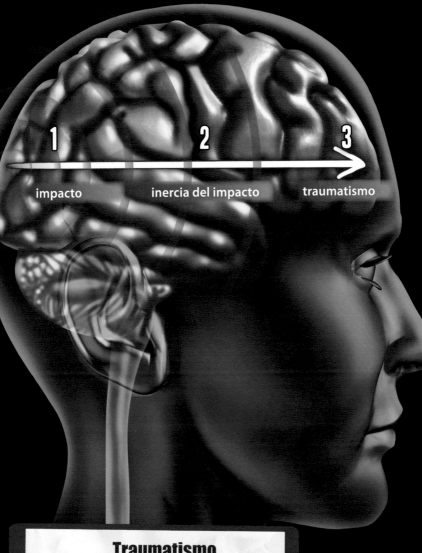

1 impacto **2** inercia del impacto **3** traumatismo

Traumatismo

El traumatismo puede producirse cuando rebota el cerebro. Es frecuente en los jugadores de fútbol. A veces ocurre en un accidente de coche. Los nervios y los vasos sanguíneos del cerebro pueden romperse durante la lesión.

Ver el interior

Los médicos usan distintas máquinas para "ver" el interior del cuerpo humano. Eligen el tipo de prueba según los síntomas del paciente. Los rayos X suelen usarse para ver si se ha fracturado un hueso. Los escáneres se usan cuando puede haber heridas en la cabeza.

Prueba	Resultado	Objetivo	
Rayos X	una imagen	muestra los huesos	
Tomografía computarizada (TC o TAC)	varias imágenes de muchas capas	muestra los huesos y puede detectar el **cáncer**	
Imagen por resonancia magnética (IRM)	varias imágenes de muchas capas desde varios ángulos	muestra tejidos blandos, como los ojos, detecta **tumores** o signos de **apoplejía**	

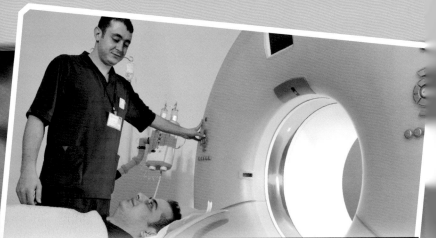

Método	Tiempo	Costo	Ventajas	Desventajas
se coloca cuidadosamente al paciente para realizar la prueba solo en la zona en cuestión	segundos	bajo	muy rápido	expone al paciente a la **radiación**; imagen desde una sola perspectiva
el paciente está acostado muy quieto en una mesa que entra en la máquina	cinco minutos	moderado	más rápida y menos cara que la IRM	expone al paciente a la radiación; más cara que los rayos X; imágenes desde una sola dirección
el paciente está acostado en una mesa que entra en la máquina	más de media hora	elevado	el más minucioso; muestra la información más útil	lleva mucho tiempo y el paciente debe estar quieto en un lugar cerrado; dentro puede haber ruido y el paciente puede asustarse

ACCIDENTES

Más adelante en el turno, una ambulancia puede llegar con la sirena encendida. Quizá se trate de un accidente de coche. La víctima podría estar sangrando o tener problemas para respirar. El otro conductor podría llegar en la siguiente ambulancia.

Los médicos de emergencias atienden a muchas personas que han sufrido accidentes de coche. La mayoría de las personas con heridas graves no llevaban abrochado el cinturón de seguridad. Pueden producirse heridas aun si se lleva el cinturón abrochado, pero suelen ser mucho peores si no se lleva. Una decisión tan sencilla puede salvarnos la vida.

Residuos quirúrgicos

Si hay mucha sangre, el equipo de médicos tratará de frenar la hemorragia. La principal preocupación es atender al paciente, no la suciedad que se pueda causar.

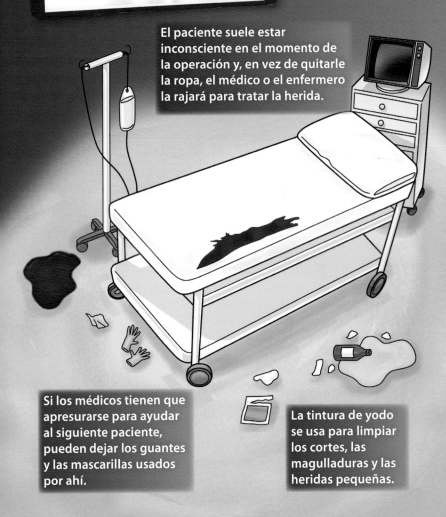

El paciente suele estar inconsciente en el momento de la operación y, en vez de quitarle la ropa, el médico o el enfermero la rajará para tratar la herida.

Si los médicos tienen que apresurarse para ayudar al siguiente paciente, pueden dejar los guantes y las mascarillas usados por ahí.

La tintura de yodo se usa para limpiar los cortes, las magulladuras y las heridas pequeñas.

Consultar el historial

El historial contiene la información más importante relacionada con la salud del paciente. Incluye enfermedades y heridas que haya tenido en el pasado, resultados de análisis y el **diagnóstico** del médico. Cualquier miembro del equipo de emergencias puede consultar el historial para comprobar el estado del paciente. Observen un ejemplo de historial.

Jane Doe

Fecha: 04/19/2012 **Médico:** Dr. Torrey N. Smith

Nombre del paciente: Jane Doe

INGRESADO

○ **Hombre** ○ **Mujer**

FECHA DE NAC.: 05/11/1999

Alergias: ninguna

Medicación habitual: uso diario de un inhalador

Motivo de la visita: Jane llegó con problemas para respirar y sibilancias. Se fue a la cama sin síntomas y se despertó porque no podía respirar y con sibilancias intensas. Episodios frecuentes de asma. T___ la por última vez por asma en nuestras in___

Rx

PATIENT NAME:
ADDRESS:
1234 Sick St.
Townsville, CA 98765

Uso diario de inhalador.

Dr. Smith

¡ALTO! PIENSA...

- ¿Cuáles son los síntomas de la paciente?

- ¿Ha decidido el médico algún plan de tratamiento?

- ¿Creen que la paciente se irá pronto a casa?

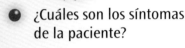

Altura: 58"

Peso: 90 libras

Pulso: 60

Tensión arterial: 110/75

Lab.: Pendiente de análisis.

Diagnóstico: pequeño ataque de asma

PENDIENTE

Plan: tratado con nebulizador, volveré a ver a la paciente, llamar si empeoran los síntomas

Pruebas pendientes: hemograma, análisis de orina, básico, lípidos, AST, CPK, FOBT

Próxima cita: seguimiento a los seis meses

TRABAJAR CON CÓDIGO

Puede ocurrir que un paciente parezca estar mejorando y luego empeore. De repente, puede dejar de hablar. Puede tener problemas para respirar.

Cuando se para el corazón de un paciente, cada segundo cuenta. Se anuncia un código azul. El equipo trabaja para realizar la **reanimación cardiopulmonar (RCP)**. Un médico dirige el código y dice a los demás qué hacer. Otro médico trabaja con el paciente. Un enfermero registra lo que ocurre. Otro prepara medicamentos. Alguien bombea aire en la boca y la nariz del paciente. Un enfermero presiona el pecho del paciente para que el corazón vuelva a bombear sangre. Se usa un **desfibrilador** para transmitir descargas eléctricas al corazón.

Hablando en código

Los códigos cambian dependiendo del hospital, pero aquí hay una muestra de cómo se informa de los distintos problemas.

código azul—el corazón de un paciente se ha parado y se necesita la RCP

código rosa—un bebé o un paciente ha desaparecido

código rojo—incendio

código marrón—un paciente ha ensuciado la cama

código verde—paciente violento; enviar a alguien de seguridad

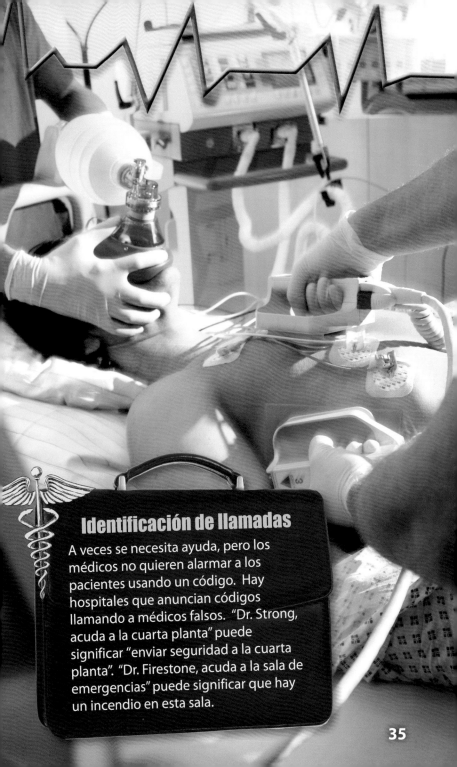

Identificación de llamadas

A veces se necesita ayuda, pero los médicos no quieren alarmar a los pacientes usando un código. Hay hospitales que anuncian códigos llamando a médicos falsos. "Dr. Strong, acuda a la cuarta planta" puede significar "enviar seguridad a la cuarta planta". "Dr. Firestone, acuda a la sala de emergencias" puede significar que hay un incendio en esta sala.

SATURADOS

Justo cuando la sala de emergencias se está vaciando, puede ocurrir una catástrofe. Puede tratarse de un gran terremoto. El hospital sigue en pie, pero pueden derrumbarse los edificios y producirse incendios. Los pacientes acudirán sin pausa. Algunos tendrán pequeños cortes. Otros, quemaduras importantes. El lugar puede estar lleno hasta arriba.

Durante una catástrofe natural, un gran número de pacientes ingresarán en el hospital. Muchos centros educativos tienen simulacros para que todos sepan qué hacer en caso de incendio. Los hospitales también tienen simulacros. Se preparan para que todos sepan qué hacer durante una catástrofe.

Un hospital chino se llena de gente durante una catástrofe.

Ataviarse como un médico

Incluso en el caos de una sala de emergencias es fácil reconocer a un médico. Cada prenda de ropa y cada herramienta se usan para atender a los pacientes y hacer su trabajo lo más eficazmente posible.

Los médicos se ponen la bata encima de la ropa quirúrgica. La ropa quirúrgica puede cambiarse fácilmente si se mancha de sangre. Las batas se lavan después de cada turno.

El estetoscopio permite a los médicos escuchar el corazón y los pulmones.

Un reloj con segundero mide el ritmo cardiaco de los pacientes.

La longitud de la bata puede señalar si el médico todavía está estudiando o tiene más experiencia.

Cada médico tiene su propio bloc de **prescripciones**. En la farmacia no aceptarán la prescripción a menos que esté redactada en un documento oficial y firmada por un médico.

Los médicos siempre llevan bolígrafos para anotar observaciones e instrucciones para los enfermeros.

37

¡MÁS EN PROFUNDIDAD!

En números

Una semana típica en un hospital puede incluir los siguientes pacientes. Por supuesto, ninguna semana es realmente típica.

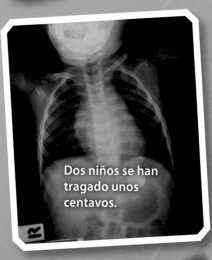

Dos niños se han tragado unos centavos.

Cuatro niños se han fracturado algún hueso.

Ocho personas se quejan de problemas de digestión.

Un hombre rompió
un lápiz en la oreja.

Se atiende a diez
personas por
apoplejía.

Siete pacientes
experimentan
dificultades para
respirar.

Nueve pacientes
sufren infartos.

Costo medio
de una visita
a la sala de
emergencias:
$707

Media de tiempo que
uno pasa en la sala de
emergencias:
**4 horas,
5 minutos**

Número de
ambulancias al año
que se envían a otros
hospitales por falta de
personal y espacio:
500,000

MEDICINA EXTRAÑA

A veces, la sala de emergencias puede estar tranquila. Algunos días son terribles. Sin embargo, otros pueden describirse como extraños. ¿Cómo describiríamos el caso de una mujer que se queja de dolores fuertes de estómago en el que los rayos X muestran que se ha tragado más de 50 piezas de cubertería? ¿O el caso de un hombre que se cae de una escalera y al que se le clava un gancho grande en el ojo? O el de una mujer que acude a la sala de emergencias por un fuerte dolor abdominal. No lo sabe, pero está embarazada de casi nueve meses. Pronto tendrá una niña o un niño. Los pacientes llegan a la sala de emergencias con historias extrañas de todo tipo. Por desgracia, eso no hace que sus heridas sean menos dolorosas. No obstante, quizá después se reirán de lo ocurrido.

¡Casi 2,500 personas van a la sala de emergencias cada año por heridas hechas con el cepillo de dientes! La mayoría de ellas ocurren porque alguien se cae cuando se está cepillando los dientes.

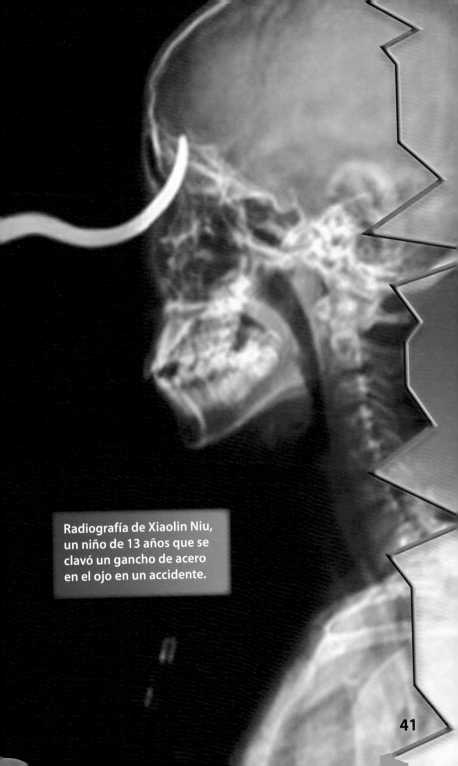

Radiografía de Xiaolin Niu, un niño de 13 años que se clavó un gancho de acero en el ojo en un accidente.

¿Hacia dónde?

Después de que un médico de emergencias trate al paciente, a este pueden transferirlo a otra sección del hospital. La edad, las enfermedades y las heridas determinan en gran medida a qué unidad se transfiere al paciente.

La unidad de cuidados intensivos atiende de forma constante a los pacientes cuya vida está en peligro.

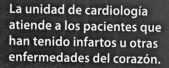

La unidad de cardiología atiende a los pacientes que han tenido infartos u otras enfermedades del corazón.

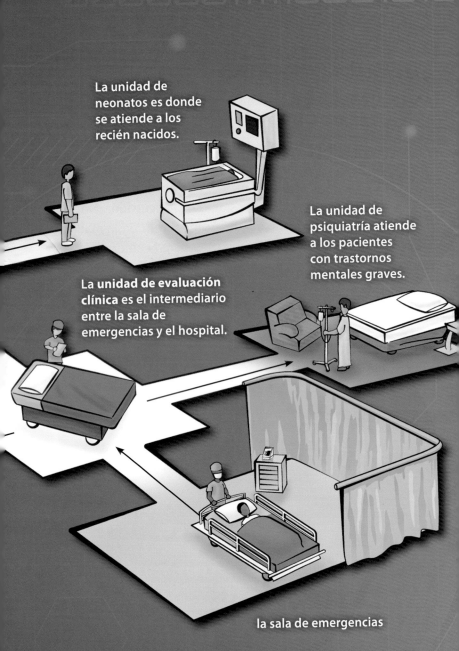

La unidad de neonatos es donde se atiende a los recién nacidos.

La unidad de psiquiatría atiende a los pacientes con trastornos mentales graves.

La **unidad de evaluación clínica** es el intermediario entre la sala de emergencias y el hospital.

la sala de emergencias

FIN DE LA JORNADA

Cuando termina el turno, hay que descansar. Trabajar 12 horas es difícil, pero los médicos de emergencias están acostumbrados. Cuando hay mucho trabajo, pueden no darse cuenta del paso de las horas.

Al final del turno, el médico de guardia indica al del siguiente turno a qué pacientes debe atender primero. Los historiales deben estar al día. Las notas deben detallar todo lo que ha ocurrido. No anotar un pequeño detalle puede influir en la manera en que el siguiente médico atenderá la enfermedad de un paciente. El siguiente médico debe poder atender y terminar los casos que se comenzaron antes.

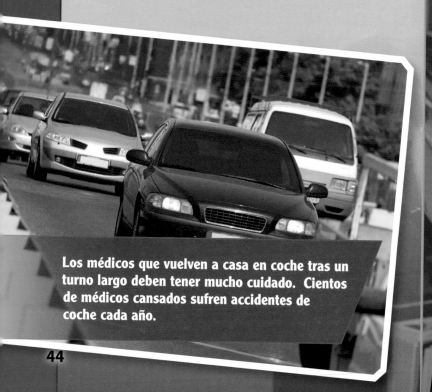

Los médicos que vuelven a casa en coche tras un turno largo deben tener mucho cuidado. Cientos de médicos cansados sufren accidentes de coche cada año.

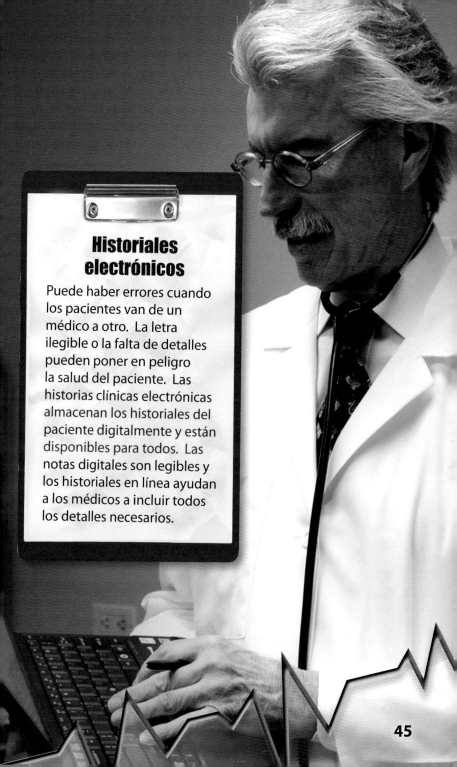

Historiales electrónicos

Puede haber errores cuando los pacientes van de un médico a otro. La letra ilegible o la falta de detalles pueden poner en peligro la salud del paciente. Las historias clínicas electrónicas almacenan los historiales del paciente digitalmente y están disponibles para todos. Las notas digitales son legibles y los historiales en línea ayudan a los médicos a incluir todos los detalles necesarios.

APRENDER A CURAR

Como ocurre con todos los médicos, a los de emergencias no les da miedo la sangre y les gusta ayudar a los demás. Piensan como científicos. Y saben comunicarse con los pacientes. Los médicos de emergencias deben pensar rápidamente. Pasar muchas horas de pie es algo propio de la especialidad. Deben saber qué preguntas hacer y prestar atención a las respuestas de los pacientes. Es fundamental que mantengan la calma. Deben tomar el control en las situaciones de estrés. Muchas vidas dependen de ellos.

Pruébenlo

En la secundaria, los alumnos pueden ayudar voluntariamente en el laboratorio, la sala de emergencias o las salas de espera. Es muy útil para ver cómo funciona el hospital. Los estudiantes mayores pueden trabajar como camilleros o auxiliares de enfermería. Estas personas ayudan a alimentar, bañar y vestir a los pacientes. También llevan a los pacientes a las pruebas y los ayudan a caminar por los pasillos.

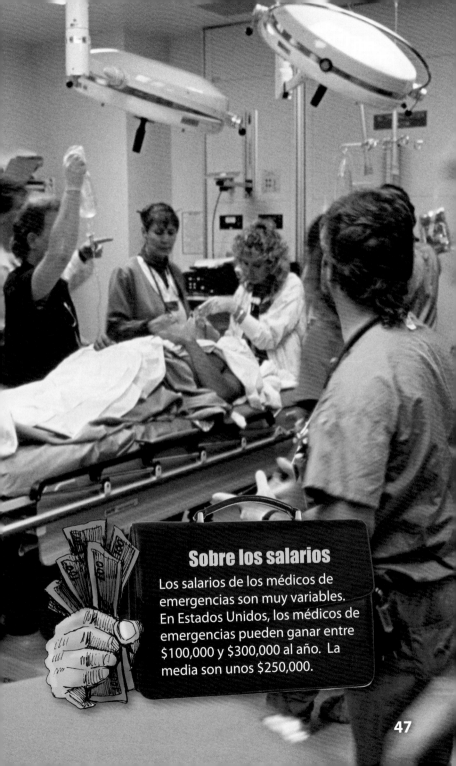

Sobre los salarios

Los salarios de los médicos de emergencias son muy variables. En Estados Unidos, los médicos de emergencias pueden ganar entre $100,000 y $300,000 al año. La media son unos $250,000.

BUENOS ESTUDIANTES

Hay que trabajar mucho para ser médico. Los estudiantes interesados en esta profesión deben sacar buenas notas en la secundaria y la universidad. Quienes quieran ser médicos deberán estudiar Biología, Química y Física. Algunos estudiantes se especializan en *pre-med* en la universidad. Esto quiere decir que desean ir a la Facultad de Medicina y se centrarán en Ciencias y Matemáticas en la universidad. Otros estudiantes se centran en otras pasiones y especialidades antes de la Facultad de Medicina.

Tras la universidad, deberán estudiar durante varios años más en la Facultad de Medicina. Hay mucha competencia. En la Facultad de Medicina, los estudiantes aprenden mucho sobre Biología, Medicina, enfermedades, partes del cuerpo y cómo hablar con los pacientes. En los primeros dos años se estudian Ciencias. Los alumnos estudian un **cadáver** para aprender las distintas partes del cuerpo. En los libros aprenden sobre enfermedades y lesiones. Los alumnos deben saber qué tratamientos funcionan en cada caso. Pueden usar programas de computadora y modelos para practicar lo que han aprendido.

Los estudiantes primero practican con un muñeco cómo escuchar el corazón del paciente.

La Facultad de Medicina es difícil, pero más del 96 por ciento de sus alumnos obtienen el título.

Los dos años siguientes los pasan estudiando en hospitales y clínicas. Los alumnos aprenden sobre las diferentes especialidades médicas. Cuando empiezan a atender a los pacientes, aprenden cada día más.

Cuando los estudiantes terminan en la Facultad de Medicina, son médicos oficialmente. No obstante, ahora deben elegir una especialidad. Durante la **residencia**, los médicos aprenden más sobre una especialidad. Un médico de emergencias se centra en la medicina de emergencias durante la residencia.

Tras la residencia, los médicos necesitan un permiso especial para ejercer la medicina. Obtienen el permiso del estado en el que quieren ejercer. También deben aprobar un examen de permiso. Aunque consigan el permiso, los médicos siguen aprendiendo durante toda la vida. Asisten a congresos y talleres para aprender cómo atienden a sus pacientes otros médicos. Quieren aprender acerca de las últimas novedades en la especialidad.

Rapidez de aprendizaje

Los estudiantes de Medicina deben aprender cosas nuevas rápidamente. "Ver uno, hacer uno, enseñar uno" es un dicho en Medicina. Es una forma rápida de describir cómo aprenden los estudiantes los procedimientos médicos.

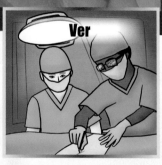

Primero, observan a los médicos con más experiencia realizar el procedimiento.

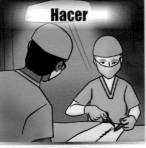

Hacer

Luego lo intentan ellos mientras un médico con experiencia observa.

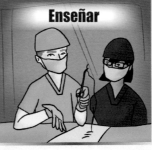

Enseñar

Al final, enseñarán a los nuevos estudiantes el mismo procedimiento.

SALVAR VIDAS

Los médicos de emergencias pueden tener un corazón humano en sus manos, traer al mundo a un bebé y arreglar los huesos fracturados. Suelen ver a los pacientes cuando están más débiles. No obstante, cuando es una cuestión a vida o muerte, los pacientes agradecen que estos médicos tomen decisiones. Los médicos no pueden curar a todos los pacientes, pero saben que intentarlo es un gran honor.

Juramento hipocrático

Cuando los estudiantes de Medicina se gradúan, hacen el juramento hipocrático. Tiene más de 1,500 años. Los médicos prometen atender a los pacientes lo mejor posible. También prometen proteger la privacidad de los pacientes y enseñar a los futuros estudiantes a convertirse en médicos.

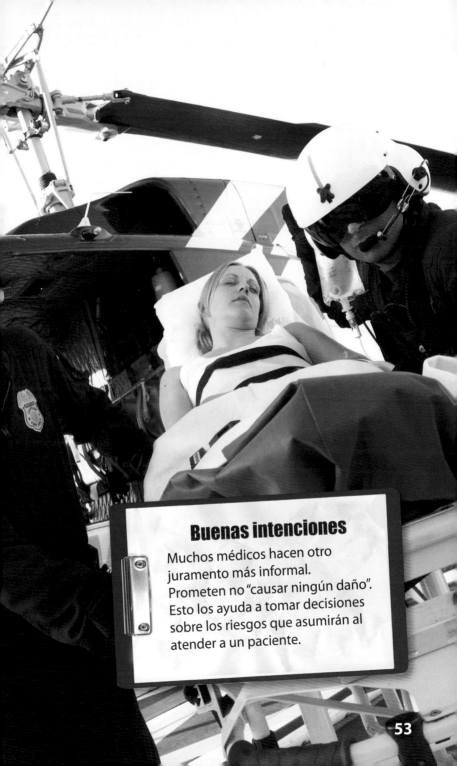

Buenas intenciones

Muchos médicos hacen otro juramento más informal. Prometen no "causar ningún daño". Esto los ayuda a tomar decisiones sobre los riesgos que asumirán al atender a un paciente.

Tras tantos años de estudio, los acontecimientos pueden pasar rápidamente en la sala de emergencias. Si las cosas salen mal, puede ocurrir que la última cara que vea un paciente sea la de un médico de emergencias. No obstante, estos luchan cada día para intentar que eso no ocurra. Dedican su vida a mantener a los pacientes con vida. Les afecta mucho que alguien no sobreviva. Sin embargo, pronto deberán atender a otro paciente. En la sala de emergencias, siempre hay una vida que salvar.

Conocemos a un médico de emergencias

Conocemos al Dr. Byron Garibaldi. Es médico de emergencias en el Northwest Medical Center de Springdale, en Arkansas. Su título oficial es *staff ER doctor*. Lleva más de 15 años ejerciendo como médico. Como cualquier médico de emergencias, tiene historias interesantes que contar a la escritora Diana Herweck.

Diana: ¿Por qué se hizo médico?

Dr. Garibaldi: Al principio quería ser piloto, como mi padre, que fue piloto durante casi 30 años. Luego mi vista empeoró. Rápidamente dejé de considerar ser piloto militar. Un año antes de terminar la secundaria, decidí que quería ser médico, ya que era otra profesión que todos respetaban, y tuve que trabajar mucho para conseguirlo. Quería tener un buen sueldo para poder mantener a mi futura familia con mis ingresos.

Diana: ¿La formación lo preparó para el trabajo?

Dr. Garibaldi: ¡Sí! Cuando éramos residentes, ayudamos en las operaciones y los partos, trabajamos en planta, en cuidados intensivos y en la sala de emergencias, y atendimos a los pacientes en consulta. Estábamos ahí para cualquier problema que pudiese surgir. Fue una gran residencia, ya que los médicos privados nos dedicaron mucho tiempo y nos enseñaron todo lo que pudieron.

Diana: ¿Qué recomendaría a alguien que quiere ser médico de emergencias?

Dr. Garibaldi: Pueden trabajar como voluntarios de vez en cuando en la sala de emergencias para ver si les gusta. La sala de emergencias es totalmente diferente al resto del hospital. Uno se encarga de enfermos y casos poco habituales todo el tiempo. Si necesitan planificación, no les gustará la sala de emergencias. Hay que adaptarse rápidamente a lo que sea.

Diana: ¿Qué es lo que más le gusta de trabajar en la sala de emergencias?

Dr. Garibaldi: Lo que más me gusta es la **camaradería** entre los médicos, los enfermeros y los auxiliares con los que trabajo. Siempre lo pasamos bien y nos gastamos bromas unos a otros en los descansos entre pacientes. Nos hace olvidar el estrés del trabajo. También me gusta no saber en qué va a consistir el siguiente caso. Puede tratarse de un paciente muy enfermo o de la enfermedad más rara o el problema más extraño que uno haya visto nunca. Uno recuerda a esos pacientes de por vida.

GLOSARIO

anestesia: medicamento que priva al cuerpo de sensibilidad y a veces hace perder la consciencia

apoplejía: muerte de células del cerebro por falta de riego sanguíneo

asma: enfermedad caracterizada por dificultad al respirar, tos y presión en el pecho

cadáver: cuerpo muerto de una persona

camaradería: buena relación en un grupo

cáncer: enfermedad que puede hacer que los tejidos crezcan de forma anormal y provocar la muerte si no se trata

cardiaco: relativo al corazón

clasificación: dividir a los pacientes en categorías, dependiendo de la probabilidad de que vivan, entre quienes pueden esperar y quienes necesitan atención inmediata

conmoción: estado peligroso causado por heridas graves en el que el cuerpo no bombea sangre a todas las zonas que lo necesitan y se debilita

convulsión: episodio de actividad cerebral anormal que puede hacer que el cuerpo tiemble de forma incontrolable

desfibrilador: máquina que produce una descarga eléctrica para restablecer el ritmo cardiaco normal

desmayarse: perder la consciencia

diagnóstico: identificación de una enfermedad según los síntomas del paciente y los resultados de los análisis

especialistas: expertos en un campo concreto de la medicina

inconsciente: que ha perdido la consciencia y la capacidad de pensar

mortales: que causan de la muerte

panorama: descripción de lo que probablemente ocurrirá

prescripciones: instrucciones escritas de un médico sobre la medicación o el tratamiento de un paciente

radiación: ondas potentes de partículas de energía; se usa para captar imágenes de huesos y órganos internos

reanimación cardiopulmonar (RCP): serie de pasos que se siguen para restablecer la respiración y el ritmo cardiaco normales cuando el corazón deja de latir

residencia: período de formación avanzada después de salir de la Facultad de Medicina

revistas especializadas: publicaciones que informan de los nuevos avances a un grupo de personas, como los médicos

rondas: series de visitas a los pacientes del hospital que realizan los médicos cada día

sibilancias: dificultad al respirar, en particular acompañada de pitidos

síntomas: cambios que indican la presencia de una enfermedad u otro trastorno físico, especialmente si los siente el paciente

suturas: hebras o fibras usadas para unir partes del cuerpo con puntos

tratamiento: uso de medicamentos, cirugía u otros métodos para contrarrestar una enfermedad

trauma: herida grave en el cuerpo de una persona

traumatismo: heridas en el cerebro como consecuencia de un fuerte golpe

tumores: masas de tejido dentro o fuera del cuerpo formadas por células anormales

turno: período de tiempo en el que un empleado realiza su trabajo

unidad de evaluación clínica: departamento de algunos hospitales que funciona de intermediario entre el médico del paciente, la sala de emergencias y las otras secciones del hospital

ÍNDICE

BIBLIOGRAFÍA

Buhler Gale, Karen. *The Kids' Guide to First Aid.* **Williamson Publishing Company, 2001.**

Pongan a prueba sus conocimientos médicos de forma segura y fácil con este libro. Aprendan a curar pequeñas heridas, quemaduras, esguinces y astillas. No olviden acudir a la sala de emergencias si el problema es grave.

Lang, Rocky and Erick Montero. *Confessions of Emergency Room Doctors.* **Andrews McMeel Publishing, 2007.**

Aprendan sobre cosas extrañas, sorprendentes y maravillosas que ocurren en la sala de emergencias de los médicos que trabajan en ella. Este libro recoge historias extrañas, divertidas y totalmente reales sobre la vida en la sala de emergencias.

Lewis, Barbara A. *The Kid's Guide to Service Projects: Over 500 Service Ideas for Young People Who Want to Make a Difference, 2nd edition.* **Free Spirit Publishing, 2009.**

Todavía no son médicos, enfermeros ni paramédicos de emergencias, pero nunca es demasiado pronto para ayudar. Prueben una de las ideas de trabajo de servicio de este libro para promover buenos hábitos, evitar enfermedades o marcar la diferencia de otra forma en su vecindario.

Reeves, Diane L. *Career Ideas for Kids Who Like Science.* **Checkmark Books, 2007.**

Descubran su profesión ideal respondiendo a preguntas que los ayudarán a descubrir lo que más les gusta y lo que mejor saben hacer. Podrán relacionar sus aficiones y habilidades con profesiones reales. Las entrevistas con profesionales, de técnicos en medicina y técnicos de alimentos a consultores de robótica y veterinarios, los ayudarán a descubrir cómo son realmente las profesiones científicas.

MÁS PARA EXPLORAR

Emergency Room Nurse

http://www.knowitall.scetv.org/careeraisle/clusters/index.cfm

Hagan clic en el enlace *Health Science*. Luego, en el de *Emergency Room Nurse*. Visiten la sala de emergencias con una enfermera de emergencias. Les mostrará cómo ingresar, qué ocurre en la sala de clasificación y la zona de trauma, y cómo funcionan los distintos equipos de emergencias. También habla de distintos miembros del personal de la sala de emergencias, incluidos los médicos de trauma, los enfermeros y los técnicos de rayos X.

Kids Work! Hospital

http://www.knowitall.org/kidswork/hospital/index.html

Aprendan sobre la historia de los hospitales, realicen actividades que muestran cómo los trabajos de la escuela se relacionan con los del hospital y exploren distintas zonas de este. También conocerán a profesionales reales, como cirujanos de trauma, técnicos de laboratorio y enfermeros de neonatología.

What Happens in the Emergency Room?

http://www.kidshealth.org/kid/feel_better/places/er.html

Lean este artículo de KidsHealth para averiguar qué ocurre cuando los niños van a la sala de emergencias. También aprenderán términos útiles en argot: los que usan los médicos y los enfermeros de emergencias.

Doctor

http://www.bls.gov/k12/help06.htm

En este sitio web encontrarán información sobre profesiones de la oficina de estadísticas de empleo. Conozcan los últimos datos sobre el salario de los médicos, cuántos puestos de trabajo hay y el futuro del empleo de los distintos tipos de médicos y los cirujanos.

ACERCA DE LA AUTORA

Diana Herweck siempre ha estado interesada en las cosas que hace la gente, incluidos sus empleos. Trabaja como profesora y orientadora, ayudando a gente de todas las edades a decidir lo que quieren hacer cuando crezcan. Como a los médicos, le gusta ayudar a los demás. También le encanta trabajar con niños y pasar tiempo con su familia. Disfruta jugando con sus hijos, leyendo, escuchando música, viendo películas y las artes manuales de cualquier tipo, especialmente la creación de álbumes de recortes. Diana vive en el sur de California con su marido, dos hijos maravillosos y tres perros.